給幼兒準備
一雙寫字的手

蒙特梭利寫前活動

嚴吳嬋霞 著

新雅文化事業有限公司
www.sunya.com.hk

謹以此書獻給
我敬愛的幼教啓蒙老師

香港幼稚園教育先驅者

陳陳淑安院士

1926 - 2016

學習寫字由生活訓練做起！

　　每次家長日，幼稚園老師向家長交代幼兒在校的學習情況，發現大部分幼兒都有同一個問題，就是寫字的問題：有些寫字無力或執筆方法不正確，亦有些筆順不正確或坐姿不正確等。對孩子而言，這些都是升讀小一必須具備的條件，因為他們要學習把當天的家課或信息抄寫在手冊內。對家長來說，這是一個提醒，因為他們要為孩子及早作好準備。

　　有一次，一位高班老師拖着她班裏的一個小女孩來到我面前，老師說這個小女孩的所有表現均好，很精乖和有禮貌，但是除了運算方面，連 10 以內的加法也做得不好，更常混淆數字 7 和 9，因此想看看我可怎樣幫助此女孩。

　　我第一時間就請小女孩用手指在空氣中從 1 寫到 10 給我看（從遊戲中學習能令孩子感興趣和放鬆），發現她寫出 7 字與 9 字不但非常相似，而且 9 字的筆順與 7 字相同，只是前者上面的橫折略為圓些。

　　於是，我用了不同的遊戲來糾正她對 9 字的寫法，包括有時請她在我的手心或手背寫出 7 或 9 字，有時請她閉上眼睛猜出我在她的手心、手背或背脊寫出的是哪一個數目字，當然最後她要把這兩個數字寫在紙上，確保她完全掌握。短短數分鐘的遊戲練

習，便能令孩子從害怕運算練習到喜歡和充滿自信地完成運算練習。

蒙特梭利曾説過：「我聽見的，我會忘記。我看見的，我會記得。我做過的，我會了解。」蒙氏非常重視孩子學好寫字，更重視寫前的準備工作，包括做好日常生活訓練和透過感官刺激，令孩子對字形結構和筆順（秩序感）有更深刻的了解。

嚴太是我模仿的對象之一，我很欣賞她對蒙特梭利教育的堅持，更欽佩她能把這一套優秀的教學理念付諸實踐，並綜合多年的幼教培訓經驗，編著了這本《給幼兒準備一雙寫字的手——蒙特梭利寫前活動》，讓更多的家長、老師和孩子受益。

教育的目的是提升生活質素，包括知識、技能和態度，而三者之中我認為態度是最重要的。但願我們一同為孩子自小培養出喜歡學習、認真學習和自信地獨立完成工作的學習態度而努力。

葉惠儀
蒙特梭利教育顧問

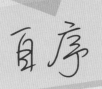

給幼兒準備一雙寫字的手

小學一年級的學生要不要握筆寫字？每年九月開課的時候，小一老師發覺從幼稚園剛升讀小一的學生，大部分握筆的方法都不正確，覺得教導他們書寫很困難、很吃力。與此同時，還要他們應付大量必須書寫的作業。孩子尤其不喜歡中文家課，認為漢字筆畫多，要逐個字寫出來，很有壓迫感。

按道理，小一學生平均年齡是 6 歲，手部肌肉的發展成熟，已具備握筆書寫的能力。可惜，在他們就讀幼稚園期間，沒有經驗過大量的寫前準備活動，對漢字的基本筆畫和筆順沒有認識，因此到了升上小學時，面對突如其來的中文書寫活動便顯得害怕。

當孩子對功課不感興趣，不喜歡學中文，以致不喜歡上學，老師和家長應該探索原因，其中之一就是我們沒有為他們準備好一雙穩定和靈巧的手，那就是一雙愛寫字的手！孩子是天生愛「寫字」的。2 歲的孩子喜歡塗鴉，其實是在「畫字」，藉著簡單的線條去表達他們的所見所思。

孩子在約 4 至 5 歲時處於書寫敏感期，會出現「書寫爆發」的現象，他們喜歡拿筆寫字，而且欲罷不能。因此家長和老師必須在孩子約 2 歲半開始，為他們設計和準備大量不須握筆的有趣

寫前活動，以滿足孩子的書寫訴求。當書寫爆發期來臨時，孩子就自然地、毫不費力地拿筆寫字，並且樂此不疲。

　　本書的對象是家長和幼教老師，他們同樣關心孩子學習寫字及面對的問題。我從上世紀七十年代開始研習蒙特梭利幼兒教育，一直在思考如何採用蒙特梭利的教育理念，為中文教學設計課程和相關教具，本書正是專為幼兒準備寫字而編寫的。

　　本書結合理論與實際操作教具，指導家長和老師如何設計適合 2 歲半或以上孩子的寫前活動，訓練他們的手眼協調能力、手部肌肉的活動能力、專注力、秩序感和培養他們的獨立性。

　　我們要讓孩子愛上寫字，愛上漢字，因為這是祖先遺留下來的五千年文化，是一個偉大精深的寶藏，怎麼可以因為不恰當的學習方法，早早斷送呢？

　　我懇請家長、老師和我一起肩負這個不可推卸的責任——一定要讓孩子愛上寫字！

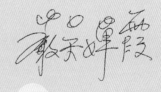

目錄

蒙特梭利
與寫前活動

　　蒙特梭利認為孩子的成長有不同的敏感期，而每個孩子的內心都有一種與生俱來的學習動力，如果在孩子處於某個敏感期裏，不能配合他們的需要和求知的慾望，很容易錯失了讓孩子自己自然而然地探索和學習的機會。因此，成人要在孩子的不同敏感期，盡量創造能配合孩子發展各種能力的條件和環境，讓孩子對某件事物產生興趣，從而表現出對事物探求和學習的狂熱。

　　蒙特梭利發現，書寫是早於閱讀。在孩子拿起顏色筆塗鴉時，其實已是邁向書寫的一種方式。成人如果能抓住這個書寫敏感期，配合有系統的動作訓練（寫前活動），是可以引起孩子對寫字的興趣。假若孩子在語言、感官和肢體動作的敏感期內能獲得充分的刺激，他們的閱讀和書寫能力是會自然產生的。

動作訓練

　　要把握孩子的書寫敏感期，家長或老師可以設計有系統的寫前活動，為孩子作好準備。在孩子開始寫字之前，必須先提升手部的控制能力、手眼協調能力以及身體的平衡，訓練他們擁有一雙穩定的手。而這一連串的動作訓練，必須循序漸進，由最基本的動作，如：坐、站開始，發展至其他較難的能力，如：切、剪等（見下圖）。

1 坐（正確坐姿）

2 站立（正確站姿）

3 走（走線）

4 拿（拿托盤走路）

5 搬（運）

6 放（置）

7 倒
（包括移動、注入的動作。先倒乾物，後倒濕物。）

8 舀（使用匙子）

9 轉（轉動手腕）

10 擰（扭）

11 抓 (用5指)

12 捏 (用2指或3指)

13 摺

14 扣

15 貼

16 切

17 剪

18 夾 (用鉗子、筷子)

寫前活動的設計理念

　　蒙特梭利是一套有系統的教育方式，如前所述的動作訓練，除了穩定孩子的一雙手，為寫前作準備之外，同時也是日常生活技能以及基本禮儀的訓練。當孩子能夠自己動手做，並成功做得到，便能提升他們的自信，學會獨立。而一個完整有系統的活動，應具備以下的學習目標：

- 訓練孩子手眼協調的能力 (Eye-hand co-ordination)
- 培養孩子的秩序感 (Sense of order)
- 培養孩子的專注力 (Concentration)
- 訓練孩子的獨立能力 (Independence)

　　蒙特梭利的另一個理念，是所有的學習活動均需要一個「**有準備的環境**」。成人先為孩子布置一個安靜舒適、美觀的環境。擺放物品的櫃或架、小書桌和椅子等都必須配合孩子的高度，讓孩子可以自己拿取或收回到原來的位置。這是培養孩子的秩序感和獨立能力，讓他們學會從某個位置取東西，活動完畢，也懂得把東西歸位。

　　在布置環境時，要留意以下幾點：

- 擺放的物品以起居生活為目的，讓孩子在日常生活之中得到鍛煉。
- 物品要放在孩子看得到及拿得到的地方。
- 固定物品的存放位置。
- 存放物品的地方要合適，並考慮到安全性。
- 放得整齊、美觀。

　　本書所設計的寫前活動，是以上述蒙特梭利的理念為藍本，希望透過完整而具系統的活動，為孩子準備一雙會寫字的手，同時兼顧孩子全面的發展，讓他們成為有能力、有秩序、懂禮儀和獨立的孩子。

如何實施本書的
寫前活動

本書的活動設計

- 書中共有 26 個寫前活動，部分活動附有延伸活動建議，若加上家長、老師和孩子舉一反三的創意，活動的數量是無限制的。

- 26 個活動有先後次序之分，家長應從第一個活動「走線」開始，再根據孩子的學習能力，從易到難，循序漸進地跟孩子進行活動，不要操之過急。

- 每個活動所需的材料大部分是從日常生活環境中就地取材，信手拈來可用。一方面是培養孩子的環保意識，另一方面是鼓勵家長和孩子自己動手做，養成手腦並用的生活好習慣。

活動圖解說明：

適合年齡
建議適合進行活動的幼兒年齡。

活動目的
說明活動的學習目標。

用具及材料
說明活動所需準備的資源，多從日常日活中取材。

操作步驟
一步步指引家長如何進行活動。

注水

適合年齡 2歲半以上，做過「雙手拿碗倒豆」、「倒米」和「倒水」活動的孩子

活動目的

1 訓練手部肌肉的活動能力。

2 訓練動作的順暢性。

3 培養專注力和獨立能力。

用具及材料

● 1個托盤。

● 2個玻璃杯，杯身貼有水位量線。

● 1個瓶子，載有剛好兩個玻璃杯的水量。

● 1塊小抹布或海綿。

操作步驟

1 用慣用的手握着瓶耳，另一手托着瓶身底部。

2 提起瓶子，移向其中一個杯子上方，瓶口對準杯子的正中央。

3 慢慢地倒水，直到量線為止。

4 以同樣的方法把水倒進第二個空杯裏，
直到量線為止。

5 把兩杯水倒回大瓶子裏，重複步驟1-4。
過程中，如孩子不小心濺出了水，請他
們用抹布或海綿擦乾。

😊 趣味點

- 讓孩子聽聽水倒出來的聲音，看看水流出來的樣子。
- 讓孩子留意量線的位置，嘗試控制自己注水的技巧，接受
「把水倒至量線即停止」的挑戰。

 錯誤的訂正

- 發現水濺了出來、倒水超過或低過水位量線，知道要控制
力度和拿瓶子的手勢。

🔬 活動的延伸或變化

- 可用有顏色的水，或請孩子幫忙分果汁或倒茶給客人。

💗 要點提示

家長可使用食用色素來製作有顏色的水。

錯誤的訂正

每項活動所配置的教
具，能確保孩子能自己
操作，並在操作的過程
中，能夠發現自己的錯
誤，然後能自己糾正。
家長或老師只從旁觀
察，避免不必要的介
入。

活動的延伸或變化

給家長或老師進行活動
的其他方法建議，提升
創意和學習目的。

要點提示

部分活動附加要點提示，提醒家長或老師
進行活動時，需特別注意的地方。

15

進行活動時要注意的事項

- 家長和老師**必須先按活動的操作步驟，向孩子示範一次**，然後才放手讓孩子自己做。示範步驟時，動作要正確、清楚和簡明地展示出來。

- **慢慢地示範，兩個動作之間要稍作停頓**，但仍然保持動作的順暢性，給孩子時間吸收，有需要的話可重複示範。每個活動要讓孩子反覆練習，並給予充分時間，在操作中滿足他們的內在需要。不要催促孩子在匆忙中完成活動，孩子需要時間停一停，想一想。

- **一次只示範一個動作**。必要時帶領孩子分開每個動作進行，確定他們瞭解每一個步驟。

- 每示範一個動作時，跟孩子要有眼神接觸，並**主要以動作教導孩子，少用口述**，讓孩子專注示範的動作，不是聆聽指示。

- **讓孩子重複做所喜歡的活動，以盡興為止**。因為這就是孩子學習的方式。活動過程中，我們必須尊重孩子、相信孩子，幫助孩子自己學會學習。而我們要跟孩子一起享受學習的樂趣！

- 進行活動時，**讓孩子使用慣用的手**。

注意：

如果孩子慣用右手，家長或老師要坐在孩子的右側；如果孩子慣用左手，就坐在孩子的左側。

第一章：日常生活的動作訓練

走線（線上步行）

適合年齡　2歲半以上

活動目的

1 學習基本的走路方法。

2 學習平衡。

3 感受距離感。

4 培養意志力、獨立能力、集中力及自我控制能力。

用具及材料

- 在活動室的地上，用電線膠布貼出一條直線或橢圓形的步行線，寬約 3-5 厘米，配合幼兒的腳的大小。

操作步驟

1 家長或老師示範沿白線步行，請孩子仔細觀察。

2 步行時，兩手要自然垂直，眼睛要看着前方，並須保持腳尖和腳跟的接觸。

3 穿着鞋子步行時，一隻腳的腳跟先着地，然後放下腳掌，另一隻腳再踏上前，前腳腳跟貼住後腳腳尖。兩腳交互前進。

4 不穿鞋時，腳尖先踏到地板上，然後放下腳跟，另一隻腳再踏上前，前腳腳跟貼住後腳腳尖。兩腳交互前進。

5 慢慢地一步一步前進，同時保持身體平衡。練習時間約 5-10 分鐘，可酌量延長。

😊 趣味點

- 當孩子在走線時能保持腳尖貼着腳跟，以及身體的平衡，便能來來回回地走出一條連綿不絕的路。

 錯誤的訂正

- 發現自己在步行時，腳尖和腳跟分開，懂得收窄步距或放緩腳步以糾正。
- 當身體失去平衡，走出界線外時，懂得調整身體姿勢，兩手垂直以穩住重心。
- 發現腳超出白線外時，自行返回白線沿線步行。

活動的延伸或變化

- 聽着音樂的節奏走線。
- 雙手拿着托盤走線。

拿托盤

適合年齡 2 歲半以上

活動目的

1 學會拿托盤搬東西。

2 訓練一雙穩定的手。

3 增加身體協調性，調整手部肌肉運動。

4 培養獨立能力和專注力。

用具及材料

- 1 個適合孩子手拿的托盤。
- 1 個水杯。

操作步驟

1 把水杯放在托盤中央。

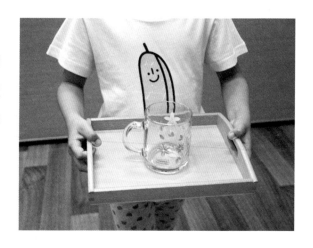

2 兩手握緊托盤邊緣中央位置，拇指在上方，4 指在托盤底，手臂靠近腋下，前臂彎成直角，把托盤保持在腰間位置。

3 拿着托盤慢慢走，托盤裏的水杯不能傾倒，需保持平穩。

4 走到指定的地方，輕輕放下托盤。

😊 趣味點

- 讓孩子保持托盤平穩，盤上的物品不傾斜，然後安全護送物品到指定地方，完成小任務。

錯誤的訂正

- 發現托盤傾斜，容器滑動，知道要穩妥地拿好托盤。

活動的延伸或變化

- 可改變容器，或容器所裝的東西，
  例如：在玻璃杯裏加水。

雙手拿碗倒豆（大顆）

適合年齡 2歲半以上

活動目的

1 訓練手眼協調能力。

2 訓練手部肌肉的活動能力。

3 培養獨立能力和專注力。

用具及材料

- 1個托盤。

- 2個大小相同的碗。

- 半碗黑豆，放在右邊的碗中。

操作步驟

1 先用左手的5隻手指緊貼有豆的碗壁。再用右手的5隻手指
緊貼有豆的碗壁。慢慢地用雙手拿起有豆的碗。

2 把載有豆的碗移到空碗的正上方，慢慢地把豆倒入
空碗裏。

3 慢慢傾斜碗身，倒至最後一粒。注意兩個
碗口不要碰撞。

4 把碗放回原位，然後拿起有豆的碗，重複活動。

☺ 趣味點

- 讓孩子感受瞄準容器口，成功把豆倒進碗的樂趣。
- 讓孩子聽聽把豆倒進碗時所發出的聲音。

☑ 錯誤的訂正

- 當豆掉落在托盤上時，知道自己在倒豆時要拿穩碗和對準碗口。
- 兩個碗口相碰，發出了碰撞的聲音，知道在拿碗時要控制兩碗的距離，避免碰撞。

活動的延伸或變化

- 可更換容器大小和顏色，或更換孩子要倒出來的物料，例如：米、小米、顏色珠等。由最初倒出較大的顆粒，逐漸發展至倒出較小的顆粒，讓「倒」的動作更精確。

♡ 要點提示

當孩子不小心把豆掉到托盤上，家長或老師需示範給孩子看，用拇指和食指拿捏的方法，把豆一顆顆撿起來，再放回碗裏。

倒米（小顆）

活動目的

1 訓練手眼協調能力。

2 訓練手部肌肉的活動能力。

3 培養獨立能力和專注力。

用具及材料

- 1個托盤。

- 2個大小相同的有嘴瓶子或量杯。

- 適量的米（倒進右邊的瓶子裏，約半滿）

- 1個小掃把和小畚箕。

操作步驟

1 用慣用的手的拇指、食指和中指握緊有米瓶子的瓶耳，
另一隻手穩托瓶身，輕輕地把瓶子拿起來，稍停頓。

2 把瓶子移向空瓶的上方，瓶嘴對準空瓶上
方的正中央。慢慢傾斜瓶身倒出米來，直
至最後一粒。

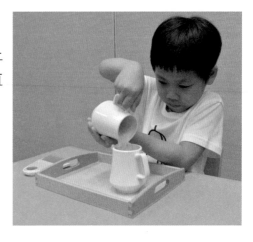

3 把空瓶放回托盤上。再用另一隻手拿起有米瓶子，按照步驟
   1及2重複練習。若不習慣使用另一隻手，可把兩個瓶子的
   位置互調，再用慣用的手拿起有米瓶子。

4 過程中，當孩子不小心把米粒倒在托
   盤上時，指導孩子如何用小掃帚和小
   畚箕清理。

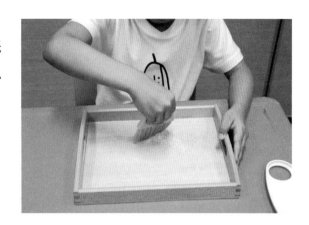

☺ 趣味點

- 讓孩子感受瞄準瓶口，成功把米倒進瓶子的樂趣。
- 讓孩子聽聽成功把米倒出來時所發出的聲音，並感受
  聲音跟倒豆時有什麼不同。

錯誤的訂正

- 當米粒掉落在托盤上時，知道自己在倒米時要拿穩瓶
  子和對準瓶口。

活動的延伸或變化

- 當幼兒熟習倒米粒後，就可以練習倒水。

用湯匙舀豆

適合年齡 2歲半以上

活動目的

1 學習使用湯匙。

2 提升手部肌肉的活動能力。

3 訓練手眼協調的能力、專注力和獨立能力。

用具及材料

- 1 個托盤。
- 2 個碗,其中 1 個載有半碗綠豆。
- 1 隻湯匙。
- 適量的綠豆。

操作步驟

1 把載有綠豆的碗放在托盤的左邊。

2 用慣用的手的拇指、食指和中指拿起湯匙,把綠豆舀起,保持角度不變,輕輕地提起來,然後慢慢地移至空碗上方,把綠豆倒進碗裏。

3 當碗裏綠豆越來越少，就越難舀起來。可用手
托着碗身，略為傾側，就會較易舀。

4 舀完全部綠豆後，把右邊載有豆的碗和左邊的
空碗互調，重複練習。

5 如果豆子掉落在托盤或桌子上，可用手指撿起
來放回碗裏。

😊 趣味點

- 讓孩子使用湯匙舀豆，比直接拿起碗倒豆更
具挑戰性，能引起孩子的興趣。

☑ 錯誤的訂正

- 當豆子散落在桌子上時，知道自己要拿穩湯
匙，而且一次不能舀得太多或太急。

活動的延伸或變化

- 使用大小不同的匙，或舀不同的物料，
例如：小米、芝麻、果仁等。

扭瓶蓋

適合年齡 2歲半以上

活動目的

1 認識一對一的對應。

2 鍛煉轉動手腕和扭的動作，加強腕部肌肉的活動能力。

3 訓練手眼協調的能力、專注力、獨立能力和秩序感。

用具及材料

- 1個托盤。

- 5個瓶口直徑不一的塑料或玻璃瓶子（連瓶蓋）。

操作步驟

1 把瓶子順序橫放，排成一行。

2 由左至右逐一扭開瓶蓋。一隻手拿起瓶子，另一隻手抓住瓶蓋，然後轉動手腕扭開瓶蓋。

3 把扭開的瓶蓋放在瓶身的前面。

4 用同樣方法把其餘瓶蓋扭開，瓶蓋放在瓶身前面作一對一的對應。

5 扭回瓶蓋：拿起最左邊的一個瓶子和瓶蓋，把瓶蓋套在瓶口，以順時針方向轉動手腕和瓶蓋。

6 用同樣方法，把瓶蓋由左至右順序套回瓶子上。家長或老師可配合孩子所做的動作，用語言來形容，例如：轉、扭，讓孩子理解所做動作的意思。

 趣味點

- 讓孩子做出扭開和扭回瓶蓋的手部動作，感受運用
  感官探索的樂趣。

錯誤的訂正

- 瓶蓋未能成功扭回合適的瓶子上，知道未能做出正
  確的一對一對應，然後再嘗試配對。

活動的延伸或變化

- 可以把孩子扭出來的瓶蓋混在一起，每次請孩子拿起一個瓶蓋，然後去找適合的瓶子把瓶蓋扭回去。孩子熟習後，可稍微提高難度，請孩子蒙起眼睛，然後用雙手摸索，替瓶子找回合適的瓶蓋並扭回去，增加趣味。

- 孩子通過扭瓶蓋的活動的訓練，待手腕肌肉加強後，可以在日常生活中多加鍛煉，例如：幫忙扭乾毛巾。

鎖與鎖匙

適合年齡 2歲半以上

活動目的

1 認識一對一的對應。

2 學會用鎖和鎖匙。

3 訓練手部肌肉的活動能力和手指靈活度。

4 培養手眼協調的能力、秩序感、專注力和獨立能力。

用具及材料

- 1個托盤。

- 大、中、小三把鎖（已鎖好）和鎖匙。

操作步驟

1 示範開鎖：左手拿鎖，右手食指指向鎖孔，向孩子示
意留意接下來的動作，然後拿起鎖匙插進鎖孔裏，轉
動鎖匙。

2 把已打開的鎖的上半部轉至相反方向。
用同樣方法打開第二及第三把鎖。

3 示範合鎖：把第一把鎖的上半部轉至對準鎖上的孔，然後雙手用力壓下去，合上鎖後把鎖匙抽出來，放在對應的鎖下面。用同樣方法把第二及第三把鎖合上。

☺ 趣味點

- 孩子會不斷轉動鎖匙，探索成功開鎖的方法，直至發出「咔」的一聲，成功開鎖！

錯誤的訂正

- 未能成功開鎖，知道未有正確配對鎖和鎖匙，然後再次嘗試。

活動的延伸或變化

- 可以增加鎖和鎖匙的數量，並把不同鎖匙混在一起，讓孩子挑戰較高難度的配對。

衣服夾

適合年齡 2歲半以上

活動目的

1 訓練手眼協調的能力、專注力和自信心。

2 學習使用衣服夾。

3 鍛煉使用三指進行「捏」的動作。

用具及材料

- 1個托盤。

- 2個透明直身塑料盒子，左邊一個放有8個衣夾。

 （在8個衣夾上，捏的位置貼上一個圓點記號，夾

 子的大小要適合幼兒，能讓幼兒捏得到。）

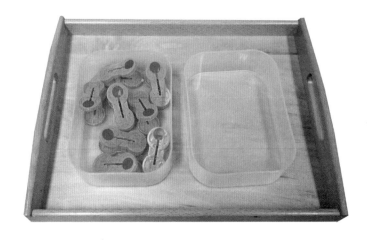

操作步驟

1 用拇指、食指和中指拿起一個衣夾，請孩子注意圓點，然後按着圓點示範揑的動作，並配合動作使用語言：「開」、「合」，讓孩子理解開和合的意思。

2 拿起一個衣夾，以三指揑着圓點，打開衣夾，夾到右邊盒子的邊緣上。

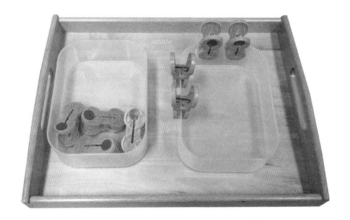

3 重複這個動作，直至所有衣夾都夾到右邊盒子的邊緣上。

4 完成後，把 8 個衣夾揑起，再放回左邊的盒子裏。

- 讓孩子探索捏衣夾的正確動作和力度，成功讓衣夾打開和
  合攏。
- 讓孩子感受把衣夾從一個盒子，成功夾到另一個盒子邊緣
  上的樂趣。

錯誤的訂正

- 未能成功開合衣夾，知道手指沒有按着小圓點的位置，或
  力度不足，繼續探索「捏」的正確方法。
- 衣夾掉了下來，知道自己未有夾穩衣夾，繼續探索可以夾
  穩的方法。

活動的延伸或變化

- 家長或老師可嘗試以下不同的夾衣夾玩法：

夾筆筒

準備一個筆筒、衣夾和籃子。請孩子
逐一把衣夾夾在筆筒邊緣。

夾綠點

準備綠色衣夾、畫有綠色圓點的圓形卡紙和籃子。請孩子一對一對應，把綠色衣夾夾在綠色圓點上。

晾曬衣服

把繩子繫在兩個木架之間（或其他可繫繩子的地方），並準備兩個小籃子，其中一個放有衣夾。請孩子把衣服用衣夾夾在繩子上。

分米

2 歲半以上，做過「雙手拿碗倒豆」活動的孩子

活動目的

1 鍛煉手部肌肉的活動能力。

2 學習「倒」的正確方法。

3 訓練動作的順暢性。

4 為注水作準備。

5 培養專注力和獨立能力。

用具及材料

- 1 個托盤。

- 2 個玻璃杯，杯身貼有量線。

- 1 個有耳的瓶子，裏面載有半瓶的米。

- 1 個小掃把和小畚箕。

操作步驟

1 用慣用的手握着瓶耳，另一隻手輕托瓶身底部。

2 拿起有米的瓶子移向其中一個玻璃杯，瓶口對準杯子的中央上方。請孩子注意，慢慢地把米倒入玻璃杯，直到量線為止。

3 用同樣方法把米倒進另一個空杯子 ，直到量線為止。

4 把兩杯米倒回大瓶子裏，請孩子重複步驟 1-4。

5 如果倒米時有米粒掉了出來，就用手指撿起來，或用小
掃把及畚箕掃乾淨，放回瓶裏。

☺ 趣味點

- 讓孩子聽聽倒米的聲音，看看米灑落下來的樣子。
- 貼有量線，孩子會在倒米時更專注。當他們發現「倒得太多了，
超過了量線」或「倒得太少了，未到達量線」便會感到挑戰性，
並再次嘗試。

☑ 錯誤的訂正

- 米滿瀉出來，知道倒米的分量超過了量線，需要控制「倒」的
力度。
- 兩瓶碰撞，發出了聲音，知道要把瓶子提得高一點，或調整拿
瓶的手勢，避免碰撞。

活動的延伸或變化

- 家長或老師可不用透明玻璃杯，而量
線可貼在小容器裏面。

- 準備 1 個大碗、2 個小杯、1 隻
湯匙、一個小掃把和一個小畚
箕。讓孩子嘗試用湯匙分米。
如果孩子不小心把米掉落在托
盤上，或米滿瀉出來，請孩子
自己用小掃把和小畚箕清理好。

倒水

適合年齡 2 歲半以上

活動目的

1 訓練手部肌肉的活動能力，靈巧地倒水。

2 訓練動作的順暢性。

3 培養專注力和獨立性。

用具及材料

- 1 個托盤。

- 2 個透明有耳的瓶子，分左右兩邊放在托盤上。
  右邊的瓶子載有半瓶水。

- 1 塊小抹布或海綿。

操作步驟

1 用慣用的手握着瓶耳，另一
  手托着瓶身底部。

2 提起瓶子，移向空瓶的上方，瓶口對準空瓶的
  正中央，慢慢倒出裏面的水，直至最後一滴，
  注意不要讓兩個瓶子碰撞。

3 把空瓶放回托盤上。

4 把載有水的瓶子放到托盤上的右邊；把空
  瓶放在托盤上的左邊，靠近有水的瓶子。
  重複倒水步驟 1-3。

5 過程中，如孩子不小心濺出了水，
  請他們用抹布或海綿擦乾。

 趣味點

- 讓孩子聽聽水倒出來的聲音，看着水流出來的樣子，直到最後一滴。
- 孩子會小心翼翼地不讓兩個容器相碰，以免水濺出，因而感到挑戰性。
- 使用有色的水，孩子會更感興趣。

錯誤的訂正

- 水濺了出來，知道自己未有拿穩瓶子，然後懂得調整力度和手勢。
- 看見瓶子裏仍有水，知道自己未完全把水倒出，會再次嘗試並留意。
- 兩瓶碰撞，發出了聲音，知道要把瓶子提得更高，或調整拿瓶的手勢。

要點提示

家長可使用食用色素來製作有顏色的水。

注水

2 歲半以上，做過「雙手拿碗倒豆」、「倒米」和「倒水」活動的孩子

活動目的

1 訓練手部肌肉的活動能力。

2 訓練動作的順暢性。

3 培養專注力和獨立能力。

用具及材料

- 1 個托盤。

- 2 個玻璃杯，杯身貼有水位量線。

- 1 個瓶子，載有剛好兩個玻璃杯的水量。

- 1 塊小抹布或海綿。

操作步驟

1 用慣用的手握着瓶耳，另一手托着瓶身底部。

2 提起瓶子，移向其中一個杯子上方，瓶口對準杯子的正中央。

3 慢慢地倒水，直到量線為止。

4 以同樣的方法把水倒進第二個空杯裏，直到量線為止。

5 把兩杯水倒回大瓶子裏，重複步驟 1-4。過程中，如孩子不小心濺出了水，請他們用抹布或海綿擦乾。

😊 趣味點

- 讓孩子聽聽水倒出來的聲音，看看水流出來的樣子。
- 讓孩子留意量線的位置，嘗試控制自己注水的技巧，接受「把水倒至量線即停止」的挑戰。

錯誤的訂正

- 發現水濺了出來、倒水超過或低過水位量線，知道要控制力度和拿瓶子的手勢。

活動的延伸或變化

- 可用有顏色的水，或請孩子幫忙分果汁或倒茶給客人。

💗 要點提示

家長可使用食用色素來製作有顏色的水。

用漏斗注水

適合年齡　2 歲半以上

活動目的

1 訓練手部肌肉的活動能力。

2 發展手眼協調能力。

3 培養專注力和觀察力。

4 培養秩序感。

用具及材料

- 1 個托盤。

- 1 個 700 毫升和 2 個 430 毫升的塑膠空瓶子。

- 1 塊小抹布或海綿。

如何製作杯子和水壺：

① 去掉瓶子上的招紙。

② 剪去 2 個 430 毫升塑膠瓶的上部，保留底部約 10 厘米，
作為杯子。

③ 剪出 700 毫升塑膠瓶的上部，約 8 厘米，用作漏斗；保留
瓶身約 14 厘米，作為裝水的水壺。

④ 在切割口邊緣貼上透明膠紙，以免割傷手。

⑤ 在兩個杯子貼上倒水的量線，在水壺貼上剛好是兩個杯子
水量的量線。

玩法一

1 在托盤上放兩個杯子（用 430 毫升塑膠瓶做的），其中一個載有水，水位至量線，另一個沒有水。

2 用慣用的手拿起載水的杯子，另一手托着杯子底部，然後把它移至空杯上方，對準杯口正中央，開始慢慢地把水倒進杯子裏，直至水位達到量線。

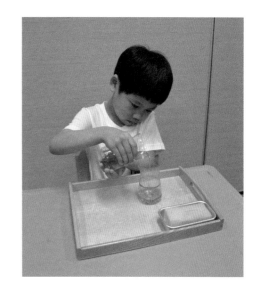

玩法二

1 先把水倒進水壺，水位到達量線（即剛好是兩個杯的水量）。

2 在托盤上放兩個杯子，用慣用的手拿起水壺，另一手托着水壺底部，移至其中一個杯子上方，對準杯口正中央慢慢地把水倒進杯子裏，直至水位達到量線。

3 把水壺移至另一個杯子上方的正中央，慢慢倒水，直至水位達到量線。

玩法三

1 把漏斗放在其中一個杯子上。

2 用慣用的手拿起水壺，另一手托着水壺底部，把水壺移至漏斗上方，對準杯口正中央，慢慢地把水倒入漏斗中，直至水位達到量線。

3 確定水位達到量線後，把水壺輕輕放回原位。

4 把漏斗放在第二個杯子上，重複倒水步驟 2 至 3。

5 完成後，把杯子的水倒回水壺中。過程中，如孩子不小心濺出
了水，請他們用抹布或海綿擦乾。

😊 趣味點

- 使用新的工具（漏斗），能引起孩子的興趣。讓孩子留意
  觀察水經過漏斗，再注入水壺的過程。
- 讓孩子留意量線的位置，嘗試控制自己注水的技巧，享受
  「把水倒至量線即停止」的挑戰。

錯誤的訂正

- 發現水濺了出來、倒水超過或低過水位量線，知道要控制
  力度和拿瓶子的手勢。

活動的延伸或變化

- 可以更換不同大小和形狀的杯子或水壺、更換不同大小的
  漏斗或更改量線的高低位置。

摺方巾

適合年齡 3 歲以上

活動目的

1 訓練小肌肉活動能力和協調能力。

2 認識正確的摺方巾方法，以及嘗試對準正方巾的角。

3 認識形狀：長方形、正方形和三角形。

4 培養秩序感、專注力、手眼協調及生活自理能力。

用具及材料

- 1 個托盤。

- 4 條淨色方巾。在每塊小方巾上的摺位處，縫出一條有色的線作記號。

摺中線　　　　　　　　　　　　　　　　摺對角線

第一條方巾　　　第二條方巾　　　第三條方巾　　　第四條方巾

操作步驟

1 邀請孩子到桌子坐下來。如果孩子使用右手，家長或老師
   便坐在孩子的右邊；如用左手，則坐在孩子的左邊。

2 從托盤取出方巾，由左至右逐一把方巾排列在桌子上，然
   後拿起左邊第一條方巾，放在你和孩子之間。

3 先擺好方巾，使方巾上的縫線跟桌子
   邊緣平行。

4 左手按住方巾的左邊，以右手食指和
   中指，由左至右慢慢描畫縫線。

5 以兩手的前三指，輕輕拿起方巾上靠
   近自己身體的兩角，慢慢拉起，再往
   前對摺，示意孩子留意對齊方巾的角
   與邊。

6 輕壓對摺處，撫平方巾，最後把摺好的第一條方巾（長方形）放回原位。

7 拿起第二條方巾，按步驟 3-6 摺成長方形，然後把長方巾垂直放好，使它的邊位跟桌子邊緣平行。

8 以兩手的前三指，輕輕拿起方巾上靠近自己身體的兩角，然後慢慢拉起，再往前對摺，並對齊方巾的角與邊，把長方形方巾對摺成一個正方形。

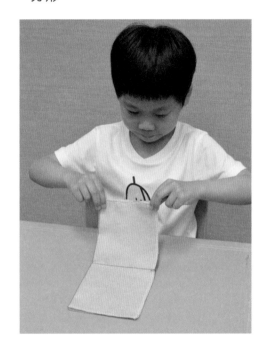

9 最後輕壓對摺處，撫平方巾。將摺好的第二條方巾（正方形）放回原位。觀察孩子的興趣和能力，再決定是否繼續進行步驟 10-14 的摺對角線訓練。

10 請孩子拿起第三條方巾，描畫縫線。

11 把方巾往前對摺，摺成一個三角形，注意對齊邊角，撫平對摺處，最後將摺好的第三條方巾（三角形）放回原位。

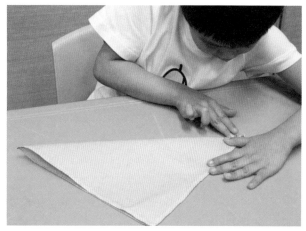

12 拿起第四條方巾，參照對摺第三條方巾的方法，把方巾摺成一個大三角形，再擺動方巾，使它的縫線跟桌子邊緣平行，然後描畫縫線。

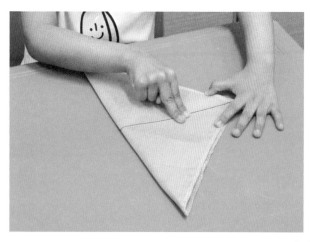

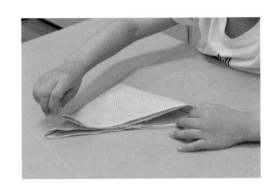

13 往前對摺，成為一個更小的三角形。

14 將摺好的第四條方巾 (小三角形) 放回原位。

15 完成後，請孩子將方巾逐一打開，還原放回托盤上。

☺ 趣味點

- 孩子專注地沿着縫線摺疊，嘗試對準方巾的角和邊之後，發現從一條正方形的方巾，能夠摺出不同大小的形狀來（長方形、小正方形和大、小三角形）。

 錯誤的訂正

- 發現方巾摺疊不佳，知道角和邊沒有對正，嘗試再摺並對準。

活動的延伸或變化

- 嘗試運用不同的材料和方式做活動，例如：摺餐巾、摺色紙、摺手帕、摺沒有摺線的布等。

摺色紙活動

要點提示

摺疊活動的重點在於整齊美觀地摺好不同質料的布塊。最簡單的方法是先擺好布塊，使上面的縫線跟桌子邊緣平行，用右手由左至右輕力描畫縫線，然後對準摺疊。

扣鈕扣

2 歲半以上

活動目的

1 訓練手指（尤其是拇指和食指）的靈活度。

2 訓練手眼協調的能力。

3 培養秩序感、專注力和獨立能力。

4 培養自理能力，學會自己穿有鈕扣的衣服。

用具及材料

- 鈕扣衣飾框（為蒙特梭利教具的一種。附有大鈕扣和小鈕扣，可先練習大鈕扣）。家長亦可選一件小孩衣服代替。

操作步驟

解開鈕扣（從上至下）

1 左手拇指和食指拉着有鈕門一邊的衣襟。

2 右手拇指和食指揑住鈕扣，把鈕扣稍壓下，讓它從鈕門穿出來。

3 左手按着穿過的鈕扣，把它拉出來。

餘下鈕扣用同樣方法完成。

（注：如孩子慣用左手，以上動作請互調左右手進行。）

扣鈕扣（從上至下）

1 先把兩邊衣襟合在中央。

2 左手揑住鈕扣，右手揑住右邊衣襟，使鈕門和鈕扣
相對合。

3 左手把鈕扣穿出鈕門，右手接住鈕扣，把它拉出
來。餘下的鈕扣，用同樣方法完成。

（注：如孩子慣用左手，以上動作請互調左右手進行。）

☺ **趣味點**

- 讓孩子把鈕扣從鈕孔拉進和拉出，享受成功
  解開或扣上鈕扣的樂趣。

 錯誤的訂正

- 發現鈕扣和鈕門配對錯誤，解開再重新嘗試。

 活動的延伸或變化

- 讓孩子自己嘗試扣上衣服。

貼圖形

2歲半以上

活動目的

1 訓練手眼協調的能力、專注力和獨立能力。

2 學會使用漿糊黏貼東西。

3 加強使用手指的能力，以及雙手的靈巧度。

用具及材料

- 1個托盤。

- 1枝漿糊筆／漿糊／白膠漿。

- 已剪成各種圖形的紙（放在盒子裏）。

- 1張大色紙。

- 1條抹手用的小毛巾。

操作步驟

1 把色紙鋪在桌面上。

2 拿起漿糊筆，扭開蓋子，扭動底部，轉出小部分漿糊。

3 拿起圖形紙，把反面放在色紙上，塗上薄薄一層漿糊，
翻過來貼在色紙上，用手指輕壓及撫平皺摺。

4 把沾到手指的漿糊用毛巾擦掉。

5 用同樣方法貼上其他圖形紙。

6 貼完後，要扭動漿糊筆底部，並合上蓋。把漿糊筆收好。

7 把作品貼在指定的地方展示。

😊 趣味點

● 讓孩子在紙上塗漿糊，黏貼不同的圖形紙，享受創作的樂趣。

錯誤的訂正

● 發現圖形紙脫落，或未有撫平皺摺，表面不平，嘗試塗多些
漿糊，並用手輕壓撫平。

活動的延伸或變化

● 讓孩子隨意貼圖形紙，設計自己的作品。
● 把不同圖形紙貼在已畫上不同圖形的大
色紙上，圖形要吻合。

切香蕉

3歲以上

活動目的

1 訓練手部肌肉的活動能力，以及切的能力。

2 發展手眼協調的能力。

3 培養專注力和觀察力。

用具及材料

- 1個托盤。
- 1塊砧板。
- 1隻香蕉。
- 1個小盤子(用來盛載切好的香蕉)。
- 1把圓頭的刀子。
- 1塊小抹布。
- 1條兒童圍裙。

操作步驟

1 先洗淨雙手，穿上圍裙。

2 香蕉去皮，橫放在砧板上。

3 用慣用的手握住刀柄，另一手按住香蕉，
距離要切下的前端約1-2厘米的位置。

4 輕輕地切下，留意刀面要與砧板垂直。

5 第一刀切下後，在距離香蕉前端約 1-2 厘米的地方再切，切時一定要按住香蕉，手要跟切口保持 1-2 厘米的地方。

6 把切好的香蕉放進小盤子裏。

7 把刀子、砧板抹乾淨，放回原位。

8 把手洗淨，脫下圍裙。

☺ 趣味點

- 讓孩子學會運用雙手互相配合，成功切出香蕉，享受所帶來的滿足感。
- 讓孩子享受自己動手做的樂趣。
- 聽到在切東西時，碰到砧板所發出的聲音。

錯誤的訂正

- 發現香蕉沒有被切斷，嘗試控制切的力度、調整拿刀的手勢或使用方式。

活動的延伸或變化

- 讓孩子切由軟到硬的水果和蔬菜，例如：小黃瓜、蘋果、胡蘿蔔等，並反覆練習。

用剪刀剪紙

3 歲以上

活動目的

1 訓練手眼協調的能力、專注力和獨立能力。

2 訓練剪的能力。

3 訓練手部肌肉的活動和協調能力。

用具及材料

- 1 個托盤。

- 1 把兒童剪刀。前端要圓，大小適合孩子手握。

- 長紙條（3 厘米 x 15 厘米）。在紙條上畫直線、斜線、鋸齒線等。

- 1 個收集紙塊的盒子。

操作步驟

1 用慣用的手的拇指、食指和中指握着剪刀，使剪刀開合。另一手拿着紙，用開合的動作剪紙。

2 幼兒學會使用剪刀後，可嘗試沿着畫好的線剪，先剪直線，之後再剪曲線。

（注：第一次用剪刀的幼兒，可嘗試用完全沒有畫線的紙來剪。）

3 剪好後，把剪出來的紙塊放在盒子裏，收集起來，留待日後做美勞的黏貼活動之用。

☺ 趣味點

- 讓孩子使用剪刀剪出不同形狀的紙塊，或自己喜歡的形狀色塊。
- 讓孩子沿着線剪，訓練手眼協調的同時，可向難度挑戰。

錯誤的訂正

- 發現開合的動作不靈活，知道自己握剪刀或使用剪刀的方法不正確，嘗試糾正。
- 剪到界線以外，剪出來的紙塊參差不齊，知道自己要專注地沿着線條剪紙。

⌁ 活動的延伸或變化

- 讓孩子嘗試不同的剪紙活動，例如：

　① 剪出畫有不同圖案的紙。

　② 由幼兒自己在紙上描畫圖案，然後剪出來。

　③ 嘗試剪不同厚薄的紙或布料。

　④ 進行剪紙美術活動。

使用筷子

活動目的

1 訓練手眼協調的能力、專注力、獨立能力和秩序感。

2 訓練手部肌肉握緊東西的能力。

用具及材料

* 1 個托盤。

* 1 雙筷子 (選用適合孩子雙手能力的筷子，
  大小要適中，物料不宜太滑或太重)。

* 2 個碗。

* 適當數量的棉花球。

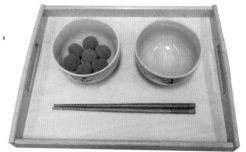

操作步驟

1 把棉花球放在左邊的碗裏。

2 筷子橫放在兩碗的前面或直放
  在兩碗中間，要注意孩子慣用
  右手還是左手。

3 如慣用右手，便使用右手拇指、食
  指和中指拿起一根筷子，用左手拿
  起另一根筷子，從右手拇指底下穿
  過，跟第一根筷子並排，然後無名
  指在第二根筷子的底下作支撐。

4 給孩子示範筷子的開合動作。

5 用筷子夾東西：拿起筷子，移到左邊放有棉花球的碗上方，打開筷子，夾着一塊棉花球的中間位置，合起筷子穩穩地夾緊。

6 用筷子夾起棉花球，慢慢地移向右邊的空碗，打開筷子，放下棉花球。

7 用同樣的方法，夾起餘下的棉花球，移至空碗裏。

（注：筷子是我們用餐的主要工具，讓孩子從小學會正確地使用筷子，能自然優雅地夾食物、吃東西，是良好的餐桌禮儀。）

 趣味點

- 讓孩子嘗試握筷子，做出開合動作。
- 孩子能用開合的動作成功夾東西，享受滿足感與樂趣。

錯誤的訂正

- 所夾的東西掉在托盤上，知道自己需要調整拿筷子的手勢或力度。

活動的延伸或變化

- 可更換所夾的東西，提升難度，精煉「夾」的動作。例如：夾從軟到硬，從大到小的東西；夾小塊海綿、夾豆子、夾通粉、夾鈕扣、夾波子等。
- 當孩子熟練後，可嘗試使用其他工具夾東西，例如：夾子。

第二章：感官訓練

觸覺板

2 至 4 歲

活動目的

1 訓練指尖的敏感度。

2 訓練手的大小力度。

3 辨別粗、滑的觸感。

4 為書寫作準備。

用具及材料

- 10 塊觸覺板，每塊 11.5 厘米 x 11.5 厘米。觸覺板面貼有
  砂紙，粗糙程度分為 5 級（1 級－最幼；5 級－最粗），
  每級 2 塊，共組成 5 對。

- 洗手用具：溫水、毛巾（為了增加手指的敏感度，可先用
  溫水洗手，用毛巾拭乾雙手後，以光滑的手指練習。）

- 1 個木盒 （存放觸覺板之用）。

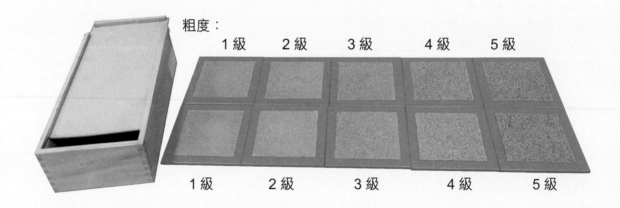

粗度：
1 級　2 級　3 級　4 級　5 級

1 級　2 級　3 級　4 級　5 級

操作步驟

玩法一：觸覺板的配對

1 把觸覺板連同木盒放到桌上。

2 從木盒中找出最粗及最幼細的觸覺板各一對，共4塊放在桌上。

3 拿起質感最粗的一塊放在孩子面前，示範觸摸的方法，讓孩子觸摸。

4 給孩子另一塊質感較幼細的觸覺板作比較，待他觸摸過後問：「和剛才那塊一樣嗎？」

5 再給孩子另一塊最粗的觸覺板，觸摸之後問：「剛才2塊觸覺板中，有沒有和這塊同樣粗細的觸覺板？」如果孩子從之前所給的2塊觸覺板中發現相同的，請他把相同的觸覺板配對，並排在一起。

6 請孩子觸摸其他觸覺板，找出質感相同的，然後排在第一對觸覺板的下方。

7 以這種方法進行練習，並逐漸增加觸覺板的數量，直至10塊觸覺板全部能配對。

玩法二：按觸覺板粗細順序排列

1 在 5 級粗糙程度不同的觸覺板中，各選 1 塊 (共 5 塊)，不依順序放在桌上，然後再從這 5 塊粗細不同的觸覺板中抽出 1 塊，讓小朋友摸摸看。

請小朋友逐一比較觸覺板，把最粗的放在最左邊，最幼細的放最右邊，直至把 5 塊觸覺板由左至右按粗糙程度順序排列好。最有效的方法是請孩子把觸覺板全部摸過一遍，之後再一邊觸摸比較，一邊排列。

3 把 5 塊觸覺板排列好後，可請孩子閉上眼睛摸摸看。

4 讓小朋友反覆練習至純熟。

趣味點

- 讓孩子透過觸覺感官遊戲，提升趣味，同時訓練指尖的敏感度。

錯誤的訂正

- 孩子可透過觀察砂紙面層的深淺和微粒（視覺）及再次觸摸砂紙面的質感（觸覺）來驗證自己的結果，反覆嘗試。

活動的延伸或變化

- 可請孩子閉上眼睛，集中用手透過觸覺進行活動。

- 可用不同材質的物料練習，例如：質感不同的布料。

要點提示

撫摸觸覺板時的手部動作，是間接訓練手部運動的控制能力，為
學習寫字前作準備，之後可使用《蒙特梭利漢字筆畫砂紙板》。

帶插座圓柱體

2歲半至4歲

活動目的

1 培養辨別大小的視覺能力。

2 訓練抓握能力（通過抓握圓柱的圓柄，作為握筆寫字前的準備練習）。

3 訓練邏輯思考能力，包括：對應、順序。

4 訓練敏銳的觀察力。

用具及材料

• 圓柱高度一致，直徑漸減的帶插座圓柱體1組（是蒙特梭利教具的一種）。

操作步驟

1 請孩子用雙手把圓柱體放到桌上，最粗的圓柱在左邊，最幼的圓柱在右邊。

2 請孩子用慣用的手的拇指、食指和中指，抓住最粗圓柱的圓柄，把它從圓洞抽起。按同樣方法抽起其他圓柱，然後家長或老師把圓柱混在一起，不按順序地擺放。

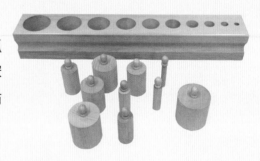

3 請孩子玩「圓柱找圓洞」的遊戲：隨意拿起一個圓柱，倒轉過來底面朝上，用食指和中指在底邊觸摸一圈，然後嘗試在插座找出大小相同的圓洞。可以先在洞口邊緣，以食指和中指觸摸一圈，憑觸覺和視覺辨認圓柱和圓洞的大小是否相配，然後把圓柱輕輕地插進圓洞裏。

☺ 趣味點

- 讓孩子運用視覺或觸覺配對圓柱，透過玩遊戲來學習。
- 讓孩子運用手指做抓握動作，把圓柱抽起和放回圓洞，感受運用感官探索的樂趣。

錯誤的訂正

- 每個圓柱只能插進大小相配的圓洞，當孩子不能成功把圓柱插進洞口，便知道配對錯誤，再拿另一個圓柱嘗試。

活動的延伸或變化

- 經過充分練習後，可讓孩子戴上眼罩進行圓柱和圓洞配對，增添趣味。

♡ 要點提示

2歲半幼兒在初次練習時，可以按圓柱大小順序抽起，然後一對一對應放在圓洞前排好，再按大小順序放回圓洞。

幾何圖形嵌板（圓形）

適合年齡　3 歲以上

活動目的

1　訓練手眼協調能力，提升注意力及觀察力。

2　訓練手腕運動和手部肌肉的控制能力。

3　學習運筆和執筆的方法，為書寫作準備。

用具及材料

- 1 個托盤。

- 1 塊圓形幾何圖形嵌板（可用厚紙板自製）。

- 數張正方形紙（大小和圖形嵌框相同）。

- 1 塊墊板。

- 3 枝彩色鉛筆。

如何自製圓形幾何圖形嵌板：

① 在 1 張正方形厚紙板上畫一個圓形。

② 把圓形切割出來，剩下的部分做成嵌框。

③ 在切割出來的圓形中心位置，用白膠漿
　 貼上小膠蓋作小柄（可用其他凸出來的
　 物件），做成圓形嵌板。

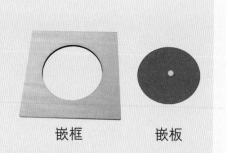

嵌框　　　　嵌板

操作步驟

1 把圓形嵌板從嵌框取出,再把嵌板、正方形紙及墊板放在托盤中,搬到桌上。

2 把 1 張正方形紙放在墊板上,再把圓形嵌板放在正方形紙上。

3 如孩子慣用右手,便用右手拇指、食指和中指輕輕握着鉛筆適當的位置。左手抓着嵌板的圓柄,把嵌板固定在紙上。

4 右手 3 指握筆,從 9 點鐘的位置上,以順時針方向沿着圓形嵌板的外邊畫線,可分兩次畫。

5 畫好圓形後，用顏色筆在圓形
  內畫不同的線。先畫直線，從
  左到右或從上至下，點到點
  畫，避免畫出界線外。

☺ 趣味點

• 讓孩子拿筆畫出圓形，並在圓形裏面畫出不同的線條，享受
  「畫」的樂趣。

 錯誤的訂正

• 從視覺上發現圓形畫得不好，嘗試找出改善的方法，例如：
  手按穩嵌板，慢慢地畫等。

活動的延伸或變化

- 當孩子描畫圓形至熟練的程度後，可以嘗試描畫其他圖形，例如：正方形、長方形、正三角形、梯形等。

- 讓孩子設計不同的線條，畫在圖形上，例如：波浪形、鋸齒形等。

♡ 要點提示

孩子在第一次畫時，可先用手指觸摸圖形的嵌框及嵌板，認識該圖形。

描畫嵌框對孩子來說比較容易，可先描畫嵌框，然後才描畫嵌板。

聲音筒

活動目的

1 訓練觀察力及判斷力。

2 培養專注力及注意力。

3 訓練辨識聲音強弱的聽覺能力。

4 發展手腕的肌肉運動（柔軟性和控制力）。

用具及材料

- 1 個托盤。
- 12 個不透明瓶子（若是透明瓶子，可用不透明紙貼在瓶身外面）。
- 其中 6 個不透明瓶子是白色蓋，另外 6 個是黑色蓋。
- 6 種在搖動起來會發出不同強弱聲音的材料，例如：牙籤、彩珠、綠豆、黃豆、大黑豆、大彩珠等。
- 2 種不同顏色的貼紙（例如：紅色和綠色）。

如何製作聲音筒：

① 把 6 種不同材料，分成均等 2 份，然後分別
放入白色和黑色蓋的瓶子裏，每個瓶子放入
1 種材料。

② 先搖動白色瓶蓋的一組，然後按聲音強弱在
瓶底貼上紅色貼紙，並按聲音的強弱，在貼
紙上寫上編號 1-6。（1 是最弱，6 是最強）。
以相同方法準備另一組黑色瓶蓋的聲音筒，
並在瓶底貼上綠色貼紙和寫上編號。 用以幫
助孩子在完成活動後，確定是否正確。

③ 把製作好的兩組瓶子，分別放在托盤上。

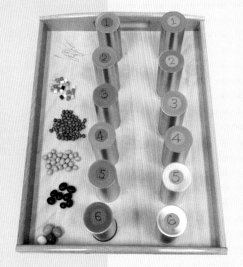

操作步驟

1 把瓶子從托盤上拿出來，放在桌上。

2 隨意拿起一個白色蓋瓶子，握住瓶身，放在耳旁，然後用手腕慢慢
上下搖動。

3 取出一個黑色蓋瓶子，也在耳邊搖一搖，聽聽聲音，看看是否與白
色瓶子的聲音一樣，直至找到相同聲音的瓶子，配成一對。

4 用同樣的方法，把其他所有聲音相同的瓶子，配成一對。完成後，
請孩子看看貼在瓶底的貼紙編號是否一致，以確認答案。

趣味點

- 讓孩子運用聽覺來遊戲，同時發展手腕肌肉運動能力。

錯誤的訂正

- 孩子可透過再次搖動瓶子，以聽覺驗證自己的結果，
反覆嘗試進行配對，最後核對聲音筒底部貼紙的編號。

活動的延伸或變化

- 讓孩子從白色蓋或黑色蓋其中一組瓶子中，比較聲音
的強弱，然後依照強弱順序排成一列。另外一組也同
樣做。再把 2 組瓶子，依聲音的強弱組成一對排列。
完成後，請孩子看看瓶底貼紙的編號，以確定是否正
確。最後把瓶子放回托盤上。

第三章：正式握筆書寫前的活動

在漢字筆畫砂紙板上描畫

適合年齡 3 歲

活動目的

1 認識漢字 8 個基本筆畫的形狀及正確發音。

2 透過手指觸摸砂紙板的筆畫,認識筆順。

3 為正式書寫漢字作準備。

用具及材料

- 1 盒《蒙特梭利漢字筆畫砂紙板》。

- 8 塊漢字基本筆畫砂紙板(每塊 15cm X 15cm,右上角印有圓點,另每個筆畫的起點印有相同顏色的圓點,作為提示每個筆畫的書寫筆順之用)。

  (注:家長或老師可選購本出版社出版的《蒙特梭利漢字筆畫砂紙板》連盒子,進行此活動;也可購買砂紙自製。)

操作步驟

1. 把載有砂紙板的盒子搬到桌上。

2. 把第一塊基本筆畫砂紙板「點」拿出來，放在桌上。

3. 請孩子先用食指指着砂紙板右上角的紅色圓點，稍停頓。

4. 指着印在筆畫上顯示筆順的紅色圓點，稍停頓。

5. 用食指及中指從圓點開始，描畫筆畫，然後說出筆畫的名稱：「點」。

6. 其餘 7 個基本筆畫以同樣方式進行。每次先給孩子示範一個筆畫，直至讓他們認識 8 種基本筆畫的名稱。

例：

① 先用食指指着砂紙板右上角的紅色圓點，稍停頓。

② 指着印在筆畫上顯示筆順的紅色圓點，稍停頓。

③ 用食指及中指從圓點開始，描畫筆畫。最後說出筆畫名稱：「鈎」。

- 在砂紙板上用手指觸摸筆畫,感受觸覺刺激。

錯誤的訂正

- 砂紙板上的顏色圓點提示孩子筆畫的順序,以及每塊砂紙板擺放的方向。孩子可按指示知道自己有否出錯。

活動的延伸或變化

- 當孩子熟習 8 個漢字基本筆畫後,可嘗試使用 16 塊生字砂紙板,以認識漢字基本筆畫的構成和筆順,並初步認識偏旁部首和簡單的生字。

生字砂紙板:「人」

生字砂紙板:「十」

♡ 要點提示

第一次進行這個活動時，可以從最易的筆畫開始，循序漸進地畫
出筆畫。筆畫砂紙板的順序如下：

8 個基本筆畫砂紙板：點、橫、豎、撇、捺、提、鈎、折。

基本筆畫	名稱	基本筆畫	名稱
1. 丶	點	5. 乀	捺
2. 一	橫	6. 亅	提（挑）
3. 丨	豎	7. 乛	鈎
4. 丿	撇	8. ㇆	折

16 個生字砂紙板：十、土、牛、生、人、大、火、口、田、日、木、米、手、水、月、女

	生字	部首偏旁		生字	部首偏旁
1.	十	十	11.	木	木
2.	土	土	12.	米	米
3.	牛	牛	13.	手	手（扌）
4.	生	生	14.	水	水（氵）
5.	人	人（亻）	15.	月	月
6.	大	大	16.	女	女
7.	火	火（灬）			
8.	口	口			
9.	田	田			
10.	日	日			

在小米盤上寫字

 適合年齡 3歲，做過「在漢字筆畫砂紙板上描畫」活動的孩子。

活動目的

1 加強對漢字基本筆畫的認識。

2 訓練描畫筆順的動作。

3 為書寫作準備。

用具及材料

- 1盒《蒙特梭利漢字筆畫砂紙板》。

- 1個小米盤 (盤邊稍為高一些，防止
  米粒散落；盤底要深色，以便能突
  顯描畫出來的筆畫)。

- 1個托盤。

  （注：家長或老師可選購本出版社出版的《蒙特梭利漢字筆畫砂紙板》連
  盒子，進行此活動；也可購買砂紙自製。）

操作步驟

1 把小米倒入小米盤並鋪平。

2 把整盒《蒙特梭利漢字筆畫砂紙板》放在小米盤右上方，然後拿出
  一塊基本筆畫的砂紙板，例如：「點」。先請幼兒用手順着正確筆
  畫摸，並説出筆畫名稱。

3 最後用食指在小米盤上畫出
「點」這個筆畫。

4 完成後，輕輕搖動托盤，使小米再次鋪平，然後可反覆練習畫筆畫。

😊 趣味點

- 讓孩子用手指代替筆在小米盤上寫字，感受以手指觸覺描畫的樂
  趣，而且每次可把小米再次鋪平，自由書寫。

📝 錯誤的訂正

- 孩子可把自己所寫的筆畫，跟砂紙板上的筆畫作對照，若發現
  筆順或筆畫不對，可反覆在小米盤上描畫並修正。

活動的延伸或變化

- 孩子熟習後，可鼓勵他們在沙盤裏畫寫簡單的生字，並使用生
  字砂紙板作為錯誤的訂正。

- 可在一些有趣的場景中進行此活動，例如：在家中洗澡時，鏡
  子表面因水蒸汽而形成迷濛一片，這時可請孩子在鏡面上畫字。

描紅（描摹筆畫及文字）

適合年齡　4 歲，做過「在漢字筆畫砂紙板上描畫」和「在小米盤上寫字」
活動的孩子

活動目的

1 加強對漢字基本筆畫的認識。

2 訓練書寫筆順的動作。

3 為書寫作準備。

用具及材料

- 1 盒《蒙特梭利漢字筆畫砂紙板》。

- 1 個塑膠透明文件夾，裁剪成與砂紙
  板一樣大小 (15 厘米 x 15 厘米)。

- 8 張白紙 (15 厘米 x 15 厘米)，每
  張紙上面印有一款紅色筆畫。

- 1 枝黑色粗水筆 (可水洗)。

- 1 塊濕毛巾或海綿刷。

- 1 個托盤。

操作步驟

1 把透明文件夾裁剪成跟砂紙板一樣的大小。另準備 8 張白紙，
在每張紙上用紅色印上一款基本筆畫（8 個基本筆畫字形請參
閱本書第 78 頁），然後每次把一張筆畫套入透明文件夾裏，
做成描紅套。例如：把第一張印有基本筆畫「點」套入。

2 把整盒《蒙特梭利漢字筆畫砂紙板》放在描紅套的右側。

3 請孩子先用食指和中指在第一塊「點」的砂紙板上,順着筆畫摸。

4 引導孩子拿起黑色粗水筆,然後在透明文件夾上,把底下紅色「點」
描畫出來。

5 描畫之後,用濕毛巾把筆畫抹去。

6 換入第二張基本筆畫,套入透明文件夾裏,重複活動,直至完成 8
個基本筆畫。

趣味點

- 讓孩子每次寫完可以擦掉再試,增添趣味。

錯誤的訂正

- 孩子可把自己描摹的筆畫,跟砂紙板上的筆畫作對照,若發現
  筆順或筆畫不對,可反覆在透明文件夾上描畫並修正。

活動的延伸或變化

- 孩子熟習後,可鼓勵他們描畫簡單的生字,並使用生字砂紙板
  作為錯誤的訂正。

在白板 / 黑板上寫字

適合年齡 4歲以上

活動目的

1 練習在白板或黑板上寫字。

2 為正式書寫作準備。

用具及材料

- 1塊小白板，背面是黑板。

- 水筆（用在書寫白板上）。

- 粉筆 （用在書寫黑板上）。

- 小刷子。

- 1盒《蒙特梭利漢字筆畫砂紙板》。

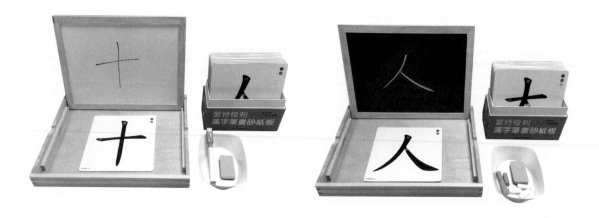

操作步驟

1 把小白板和《蒙特梭利漢字筆畫砂紙板》放在桌面上，砂紙板放在右邊。

2 拿出一張筆畫砂紙板，放在小白板前。

3 引導孩子拿起水筆，在小白板上寫出筆畫。描畫之後，可用小刷子把筆畫擦去，重複書寫。

4 換入第二張砂紙板，重複活動。

5 家長或老師可翻轉小白板，請孩子利用背面的黑板寫出筆畫。

😊 趣味點

- 讓孩子在小白板／黑板上書寫，非用一般紙筆工具，會令他們感到趣味，提升興趣，而且每次寫完可以擦掉再試。

錯誤的訂正

- 孩子可把自己寫出來的筆畫，跟砂紙板上的筆畫作對照，若發現筆順或筆畫不對，可反覆在小白板／黑版上書寫、修正。

活動的延伸或變化

- 孩子到了 4 歲半左右,正式進入紙筆的書寫期,可以握筆在田字格練習寫字。這時可配合《愉快學寫字》(升級版)第 7 至 12 冊使用。

要點提示

當孩子經歷了大量的寫前準備活動後,到了 4 歲左右,雙手已具備書寫的能力。這時便可進行這個活動,讓他們在白板或黑板上練習寫字,不必受到小方格的限制,享受到自由書寫的樂趣。

附錄

進行寫字活動的注意事項

　　幼兒經過寫前準備的訓練，到了 4 至 5 歲，便可按部就班，進行寫字的基礎活動。

　　在指導孩子寫字時，家長或老師需留意以下幾點：

1. 執筆（鉛筆）的正確方法。

2. 寫字的正確姿勢。

3. 學習基本筆畫（認識筆畫的形狀和名稱）。

4. 掌握筆順規則。

5. 結合認字進行寫字練習。

6. 給孩子具體指導，邊講邊示範書寫。

提示：

進行書寫活動時，不要手執着手教孩子寫字，要放手讓他們自行書寫。

選用合適的書寫工具

孩子的小肌肉會隨着年齡發展,在讓他們真正執筆書寫前,家長或老師需要配合孩子的小肌肉發展能力,安排合適的書寫工具。

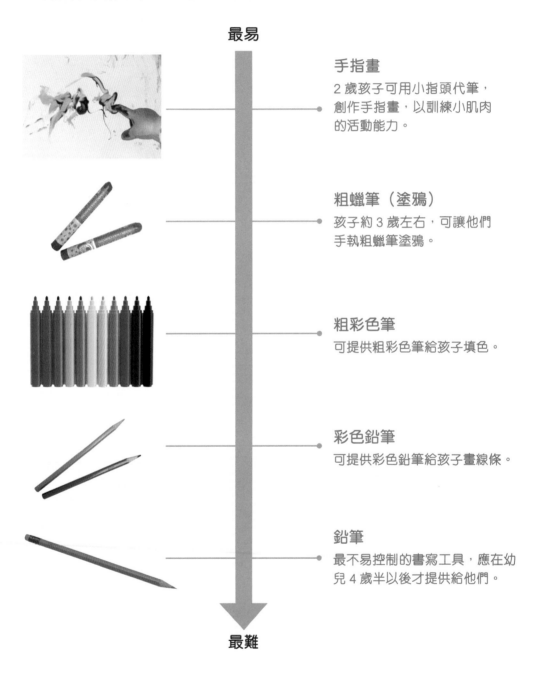

最易

手指畫
2 歲孩子可用小指頭代筆,創作手指畫,以訓練小肌肉的活動能力。

粗蠟筆(塗鴉)
孩子約 3 歲左右,可讓他們手執粗蠟筆塗鴉。

粗彩色筆
可提供粗彩色筆給孩子填色。

彩色鉛筆
可提供彩色鉛筆給孩子畫線條。

鉛筆
最不易控制的書寫工具,應在幼兒 4 歲半以後才提供給他們。

最難

紙張的大小

　　除了書寫工具，紙張的大小也要符合孩子書寫訓練的需要。家長或老師可先提供較大的紙張，讓孩子有較大的空間書寫，再逐漸收細，到了孩子技巧純熟，可使用有方格的紙或田字格的紙張。

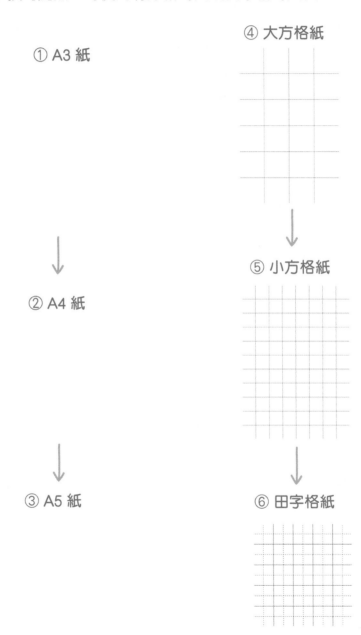

① A3 紙

② A4 紙

③ A5 紙

④ 大方格紙

⑤ 小方格紙

⑥ 田字格紙

正確的寫字姿勢

- 寫字時，整個身體要坐直，兩肩齊手，兩腿自然地平放。
- 頭和上身稍向前傾。
- 腰要正直，胸部挺起。
- 眼睛與紙相距一呎左右。
- 胸部不要緊貼桌邊。
- 兩臂平放在桌面。
- 右手執筆寫字時，左手按紙；左手執筆，則右手按紙。紙要放正。

口訣：頭擺正，肩放平，

身子挺直稍前傾，

兩腿平排腳放平。

正確的執筆（鉛筆）方法

- 用右手拇指和食指握住筆桿下端，同時用中指從下面抵住，無名指和小指支持中指。
- 筆桿與紙面成四十度傾斜。
- 手指不要捏得太緊，以方便書寫為適度。
- 手掌宜虛空些，不要把手指抵着掌心。

鳴謝

特別鳴謝以下人士和機構，協助促成此書的出版：

霍健明女士　　　熱愛蒙特梭利幼兒教育，多年來追隨
　　　　　　　　　嚴吳嬋霞女士學習。

梁敬文先生　　　長者發展團隊社工

趙瑞珠女士　　　全家寶跨代生活教育長者義工

張偉根先生　　　全家寶跨代生活教育長者義工

吳婉碧女士　　　全家寶跨代生活教育長者義工

林苑淇小朋友　　協助教具操作及示範

全家寶跨代生活教育長者義工所有成員

香港聖公會麥理浩夫人中心
林植宣博士老人綜合服務中心（提供拍攝場地及教具）

蒙特梭利教育系列

給幼兒準備一雙寫字的手——蒙特梭利寫前活動

編　　寫：嚴吳嬋霞
責任編輯：趙慧雅
美術設計：李成宇
出　　版：新雅文化事業有限公司
　　　　　香港英皇道 499 號北角工業大廈 18 樓
　　　　　電話：（852）2138 7998
　　　　　傳真：（852）2597 4003
　　　　　網址：http://www.sunya.com.hk
　　　　　電郵：marketing@sunya.com.hk
發　　行：香港聯合書刊物流有限公司
　　　　　香港新界大埔汀麗路 36 號中華商務印刷大廈 3 字樓
　　　　　電話：（852）2150 2100　　傳真：（852）2407 3062
　　　　　電郵：info@suplogistics.com.hk
印　　刷：中華商務彩色印刷有限公司
　　　　　香港新界大埔汀麗路 36 號
版　　次：二〇一七年七月初版
　　　　　二〇二〇年七月第四次印刷

ISBN: 978-962-08-6868-9

18/F, North Point Industrial Building, 499 King's Road, Hong Kong
Published in Hong Kong
Printed in China